FULL SCORE

WSL-19-002
＜吹奏楽セレクション楽譜＞

ボヘミアン・ラプソディ

Freddie Mercury　作曲
郷間幹男　編曲

楽器編成表		
木管楽器	金管・弦楽器	打楽器・その他
Piccolo	B♭ Trumpet 1	Drums
Flutes 1 (& *2)	B♭ Trumpet 2	Timpani
*Oboe	*B♭ Trumpet 3	Percussion 1
*Bassoon	F Horns 1 (& *2)	...*Triangle ,Sus.Cymbal,
*E♭ Clarinet	F Horns 3 (& *4)	Tambourine,Tam-tam
B♭ Clarinet 1	Trombone 1	*Percussion 2
B♭ Clarinet 2	Trombone 2	...Wind Chime,Crash Cymbals,
*B♭ Clarinet 3	*Trombone 3	Cabasa
*Alto Clarinet	Euphonium	Percussion 3
Bass Clarinet	Tuba	...Glockenspiel,Xylophone
Alto Saxophone 1	Electric Bass	*Percussion 4
*Alto Saxophone 2	(String Bass) ※パート譜のみ	...Vibraphone
Tenor Saxophone		Piano
Baritone Saxophone		
		Full Score

＊イタリック表記の楽譜はオプション

ボヘミアン・ラプソディ
Bohemian Rhapsody

Freddie Mercury 作曲
郷間幹男 編曲

BOHEMIAN RHAPSODY
Freddie Mercury
© 1975 Queen Music Ltd.
The rights for Japan licensed to EMI Music Publishing Japan Ltd.

ボヘミアン・ラプソディ - 11

ボヘミアン・ラプソディ - 15

ご注文について

ウィンズスコアの商品は全国の楽器店、ならびに書店にてお求めになれますが、店頭でのご購入が困難な場合、当社PC&モバイルサイト・FAX・電話からのご注文で、直接ご購入が可能です。

◎当社PCサイトでのご注文方法
http://www.winds-score.com
上記のURLへアクセスし、WEBショップにてご注文ください。

◎FAXでのご注文方法
FAX.03-6809-0594
24時間、ご注文を承ります。当社サイトよりFAXご注文用紙をダウンロードし、印刷、ご記入の上ご送信ください。

◎電話でのご注文方法
TEL.0120-713-771
営業時間内にお電話いただければ、電話にてご注文を承ります。

◎モバイルサイトでのご注文方法
右のQRコードを読み取ってアクセスいただくか、URLを直接ご入力ください。

※この出版物の全部または一部を権利者に無断で複製(コピー)することは、著作権の侵害にあたり、著作権法により罰せられます。

※造本には十分注意しておりますが、万一落丁乱丁などの不良品がありましたらお取替え致します。また、ご意見ご感想もホームページより受け付けておりますので、お気軽にお問い合わせください。

ボヘミアン・ラプソディ
Bohemian Rhapsody

Piccolo

Freddie Mercury 作曲
郷間幹男 編曲

Flute 1&2

ボヘミアン・ラプソディ
Bohemian Rhapsody

Freddie Mercury 作曲
郷間幹男 編曲

Oboe

ボヘミアン・ラプソディ
Bohemian Rhapsody

Freddie Mercury 作曲
郷間幹男 編曲

Alto Clarinet

ボヘミアン・ラプソディ
Bohemian Rhapsody

Freddie Mercury 作曲
郷間幹男 編曲

Bass Clarinet

ボヘミアン・ラプソディ
Bohemian Rhapsody

Freddie Mercury 作曲
郷間幹男 編曲

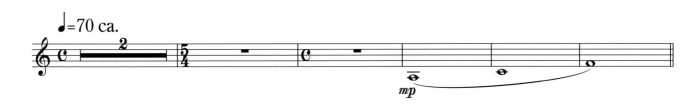

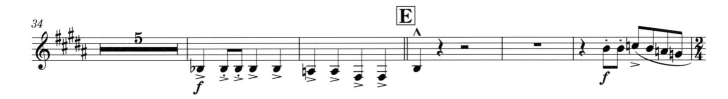
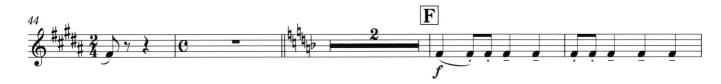

Alto Saxophone 1

ボヘミアン・ラプソディ
Bohemian Rhapsody

Freddie Mercury 作曲
郷間幹男 編曲

Alto Saxophone 2

ボヘミアン・ラプソディ
Bohemian Rhapsody

Freddie Mercury 作曲
郷間幹男 編曲

B♭ Trumpet 1

ボヘミアン・ラプソディ
Bohemian Rhapsody

Freddie Mercury 作曲
郷間幹男 編曲

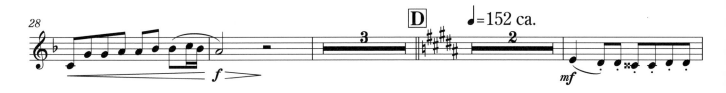

B♭ Trumpet 2

ボヘミアン・ラプソディ
Bohemian Rhapsody

Freddie Mercury 作曲
郷間幹男 編曲

B♭ Trumpet 3

ボヘミアン・ラプソディ
Bohemian Rhapsody

Freddie Mercury 作曲
郷間幹男 編曲

F Horns 1&2

ボヘミアン・ラプソディ
Bohemian Rhapsody

Freddie Mercury 作曲
郷間幹男 編曲

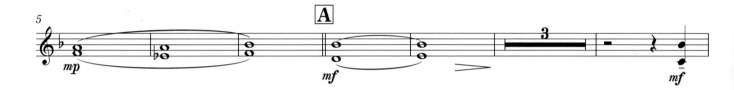

F Horns 3&4

ボヘミアン・ラプソディ
Bohemian Rhapsody

Freddie Mercury 作曲
郷間幹男 編曲

Trombone 1

ボヘミアン・ラプソディ
Bohemian Rhapsody

Freddie Mercury 作曲
郷間幹男 編曲

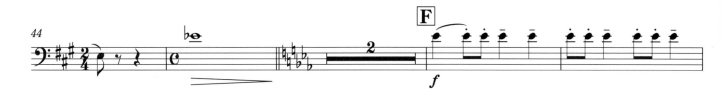

Trombone 2

ボヘミアン・ラプソディ
Bohemian Rhapsody

Freddie Mercury 作曲
郷間幹男 編曲

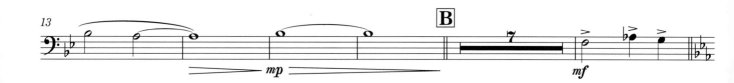

Euphonium

ボヘミアン・ラプソディ
Bohemian Rhapsody

Freddie Mercury 作曲
郷間幹男 編曲

Electric Bass

ボヘミアン・ラプソディ
Bohemian Rhapsody

Freddie Mercury 作曲
郷間幹男 編曲

String Bass

ボヘミアン・ラプソディ
Bohemian Rhapsody

Freddie Mercury 作曲
郷間幹男 編曲

Drums

ボヘミアン・ラプソディ
Bohemian Rhapsody

Freddie Mercury 作曲
郷間幹男 編曲

Percussion 1
Triangle, Sus.Cymbal, Tambourine, Tam-tam

ボヘミアン・ラプソディ
Bohemian Rhapsody

Freddie Mercury 作曲
郷間幹男 編曲

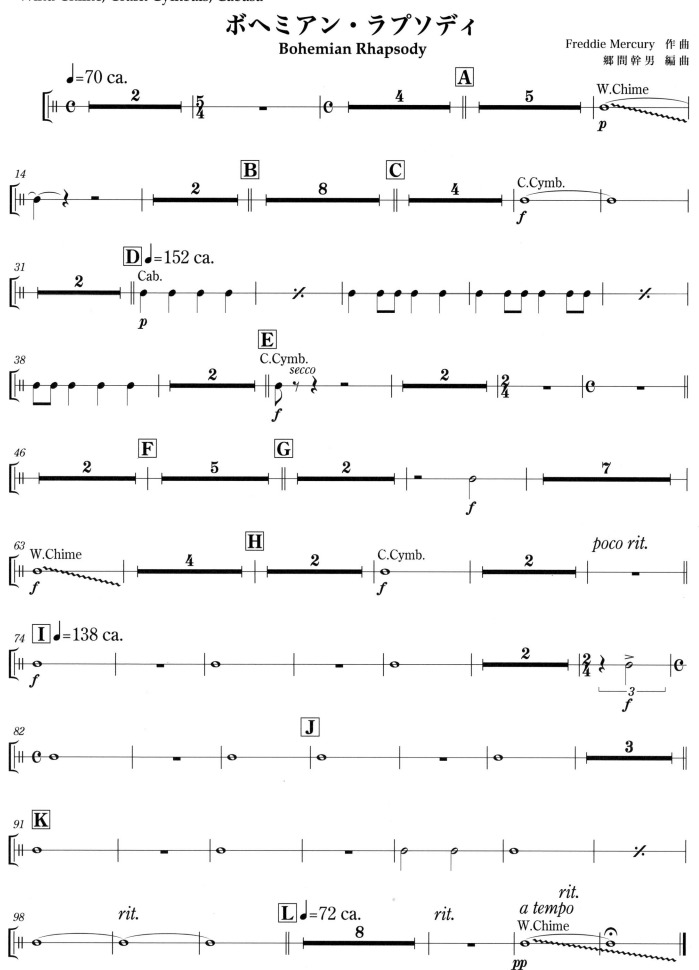

Percussion 4
Vibraphone

ボヘミアン・ラプソディ
Bohemian Rhapsody

Freddie Mercury 作曲
郷間幹男 編曲

ボヘミアン・ラプソディ - 2

Percussion 4
Vibraphone

Piano

ボヘミアン・ラプソディ
Bohemian Rhapsody

Freddie Mercury 作曲
郷間幹男 編曲

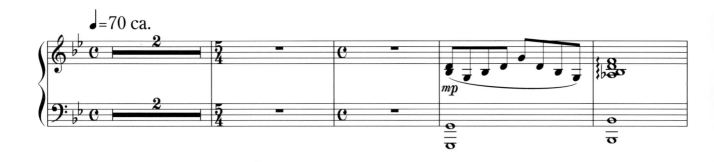

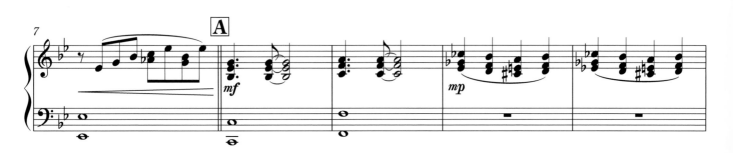

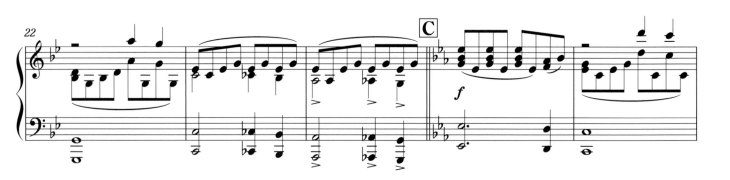

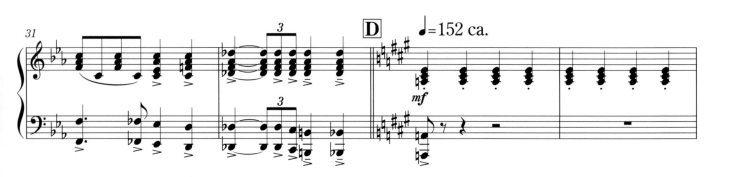

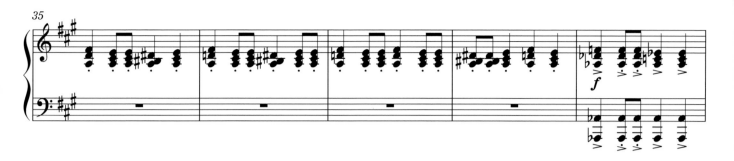
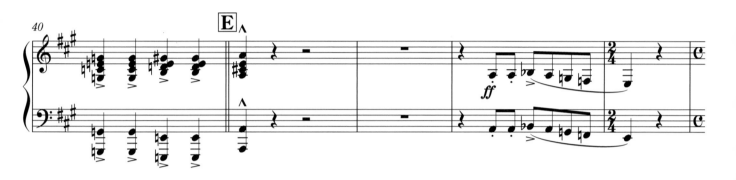

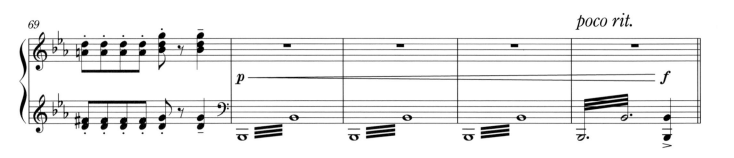
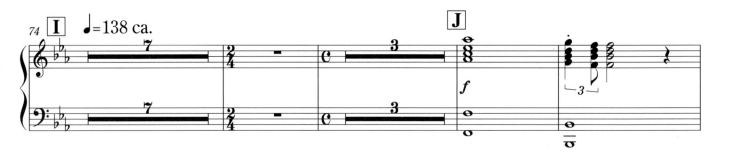
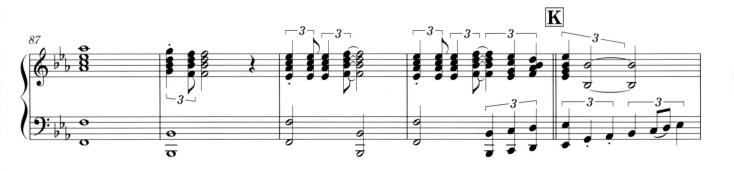